EXPOSITION INTERNATIONALE DES ARTS DÉCORATIFS ET INDUSTRIELS MODERNES

A PARIS 1925

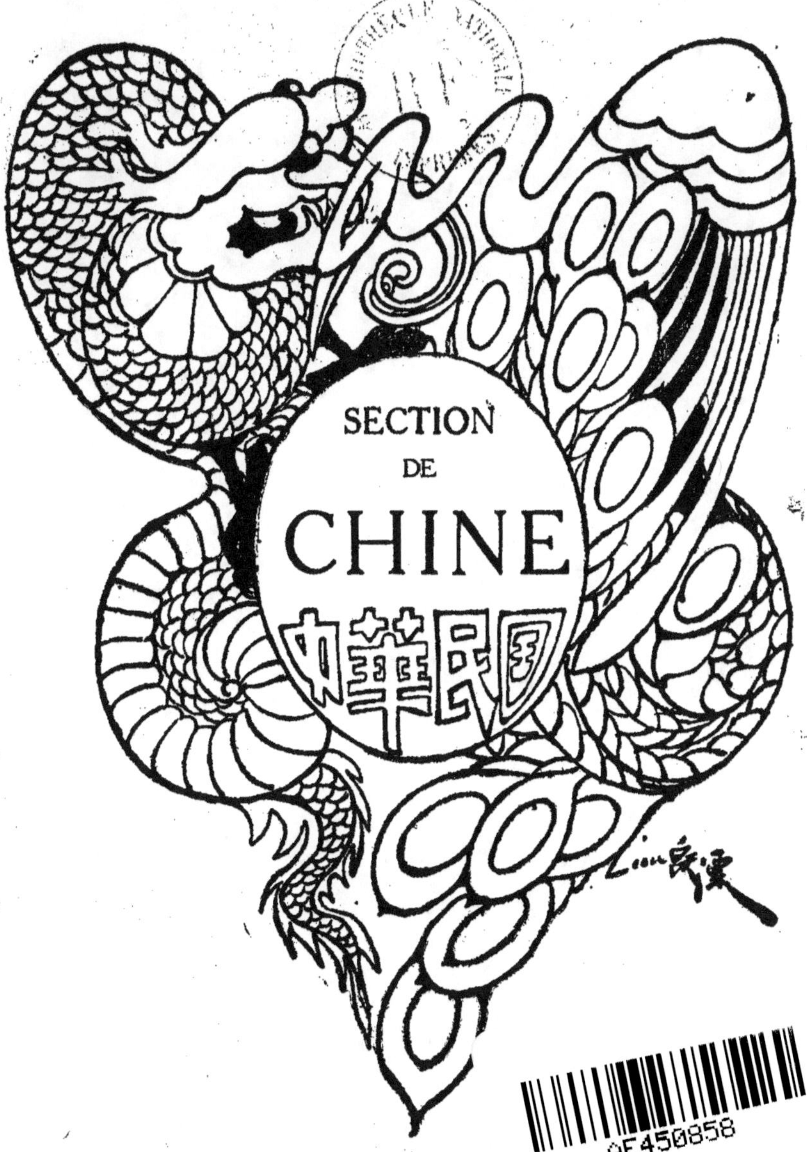

CATALOGUE

EXPOSITION INTERNATIONALE DES ARTS DÉCORATIFS ET INDUSTRIELS MODERNES A PARIS 1925

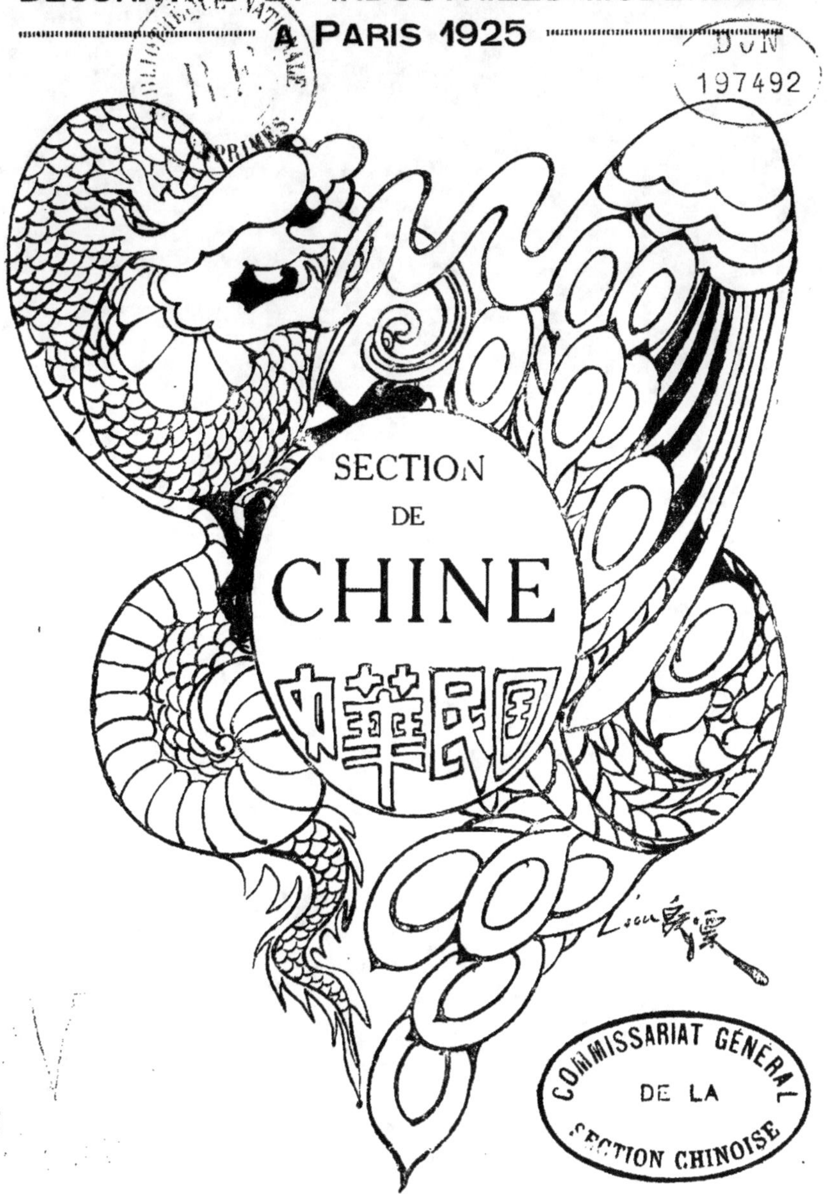

CATALOGUE

中國參加巴黎萬國美術工藝博覽會目錄

一九三五年四月至十月

曾以魯題箋

LA CHINE

A

L'EXPOSITION INTERNATIONALE

DES ARTS DECORATIFS ET INDUSTRIELS

MODERNES A PARIS

⊀⊀⊀⊀⊀⊀⊀⊀⊀⊀⊀⊀⊀⊀⊀⊀

CATALOGUE

DES ŒUVRES D'ART DECORATIF ARTISTIQUE
ET INDUSTRIELLES MODERNES EXPOSEES DANS **LA**
SECTION CHINOISE
AU GRAND-PALAIS — 1ᵉʳ ETAGE, A GAUCHE DE **LA SALLE**
DES CONGRES

Commissaire Général
Nommé par décret du Gouvernement .

M. TCHAO-ITAO, Consul Général de Chine en France

Commissaire Général adjoint
Nommé par décret du Gouvernement :

M. DAITCHE OUANG, Représentant Général
de la Mission de l'Exposition de l'Art chinois en Europe

Pour tous les
renseignements, s'adresser au bureau de la

**MISSION DE L'EXPOSITION DE L'ART CHINOIS
EN EUROPE
A LA GALERIE DE CHINE
ou AU BUREAU DU COMMISSARIAT GENERAL,**
37, RUE DE L'AMIRAL-MOUCHEZ, 37
PARIS (13ᵉ)

MISSION HONORAIRE :

M. TCHENG LOH, Ministre Plénipotentiaire à Paris.

M. TSAI YEN PAI, Recteur de l'Université de Pékin.

M. WANG CHUNG HUI, Député et Juge de S. D. N.

M. YI PEICHE, Ministre honoraire.

M. LI YOUYING, Recteur de l'Université Franco-Chinoise.

M. CHI TCHAN SIOU, Ministre de l'Agriculture.

M. LI-SO-HAO, Ministre des Finances.

M. MOTE-HOUI, Secrétaire d'Etat du Ministère du Commerce.

M. MA-SILIEN, Ministre Honoraire de l'Instruction Publique.

M. WANG-CHE CHANG, Directeur Général du Ministère du
Commerce et de l'Agriculture.

Mlle SOUMI-TCHENG, Doctoresse en Droit.

M. SHIAO. S. T., Professeur à l'Université Franco-Chinoise.

M. TSU-MINING, Recteur de l'Université de Canton.

M. TAN HÒA YI, Secrétaire du Ministre de l'Agriculture.

M. SCIE TON FA, Docteur en Droit.

M. TCHENG WONG FOT, Directeur Honoraire de l'Ecole des
Beaux-Arts de Pékin.

MISSION EXECUTIVE :

Architecte et Décorateur Général :

M. LIOU TEPEOU, Membre de la Mission de l'Exposition de l'Art Chinois en Europe.

Directeur Technique et Inspecteur Général des Travaux :

M. TSEN-Y-LOU, Membre de la Mission de l'Exposition de l'Art Chinois en Europe.

Secrétaire Général :

M. LING-VINCENT, Président de l'Association des Artistes Chinois en France.

Président du Jury de la Section Chinoise :

M. LIN FON-MING, Artiste Peintre, Professeur à l'Ecole des Beaux-Arts de Pékin.

Conservateur :

M. LALYRE, Membre de la Mission de l'Exposition de l'Art Chinois en Europe.

PREFACE

de

M. TSAI YEN PAI

何幸，法國於本年舉行萬國工藝美術博覽會，不但法國最嚴最精妙的工藝美術，均有代表品分列陳列；即世界各國，除德國因時間問題，不及搜集齊送外；沒有一國，不把他們的最新出品羅列在會場上。這真是我們大便於參考的機會，我們應感謝不置的。我們決不保持單純利己主義，寧肯他人的出品作參考，而不以我們的出品供人參考。而且依法國的美意，招待我們，我們當然有供獻出品的義務。不幸我國自革命以來，軍事與財政的處理，尚不結束，以致經濟的枯困艱，而國內貧乏，大部分的精力，注重於實際的問題；尚未有充分的經濟與時間，為參與盛會的設備，所以我們理想中維狠願在會場上有一種中國式最華美的建築，與最完備的展覽品，將於去年四月間在巴黎開一項特備的展覽會，並且在巴黎組織海外中國美術展覽會的籌備處，特薦王代之君為本處總代表，回國運動：經營半年，終不能達到我們的理想，這是我們所抱歉的。

偏勞我國這樣善始持理，經濟困迫的時期，賴王代之君的努力，內有農商部教育部的維係，北京上海美術專門學校的協助；外有駐法陳公使，趙德領事的主持，總籌備處林文錚劉既漂曾以魯林風眠諸職員的經理，王寵惠，易培基，李煜瀛，鄧叔秀，蕭子昇，褚民誼，湯鶴逸謝來發陳又先諸贊助員的贊助，克能於極困難中達成這樣的成績。會所維未能壯麗布置，出品雖未稱完備，而立以觀一斑：我們維自己不狠滿意，而參觀的已稱贊不置，出品被訂購的也已不少，這都是當事諸君苦心經營的結果，為祖國藝術光榮，凡是中華民國的國民，都應表示感謝的。元培去年曾往參與史太師博的展覽會，此次又承籌備處諸君不棄，得到各贊助員的樂觀成績，感諸君的勤勞，與法國的友誼，特在目錄上面，贅題幾句，用表慶幸的意思。

中華民國十四年八月十日蔡元培

1. — *Préface de M. Tsai-Yen-Pai.*

巴黎萬國美術工藝博覽會中國會場陳列品目錄序

中國美術，素以裝飾品擅長。不但美術工藝上，若織錦，若繪瓷，若雕漆，若嵌金，若鑲貝，若范銅，若竹木金石骨角象牙的鏤刻，若其他製的土製的裝飾品，一切形式的變化，花紋的組織，色彩的分配，經幾千年的發展，真有窮工盡巧的程度。就是在純正美術上，含有裝飾美術的原素也很不少。例如建築，大而宮殿寺觀，小至一亭一塔，都是以結搆玲瓏，丹漆熒煥見長。例為造象，凡注意在情理，衣褶的線條，色調的映眏。例如圖畫，花卉翎毛與草蟲的配置，人物畫，歷史畫與風俗的布置，而均有裝飾美術的精神。就在山水畫上，若十二皴法，若烏瞰的遠景法，若樹石溪橋亭舍的位置法，若色彩的分配法，都不免對於自然的本相有所割棄，以遷就傳統的規則，這是受裝飾美術的影響。這種流派，雖不免使純正美術不能經過極端寫實主義的塗徑，然而裝飾美術的發展，大有可觀了。

但是美術此進步，雖博吾人之歡欣；而求現代的技術，不能不藉助於科學。即就裝飾美術而論，形式與花紋的布置，藉助於數學及幾何學；色彩的映並，藉助於光學；裝置的善變，藉助於力學及機械學；感應的珠的，藉助於心理學；材料的鑒賞，藉助於各種自然科學及社會學；這都是顯而易見的事。不幸我國最近的千年，為煩瑣哲學所束縛，而科學未發達，所以最擅長的裝飾美術，亦不免進步稍緩，而不能與科學發達的諸國，為同一速度的演進。我們因此決不能遽自滿足，而謂無庸參考他國美術的審美。法國人的性情，友愛和公溥，與我國人相類。他們的美術，優美性質，多作感化作用；莊美性質，多作神秘作用，此與我國美術相類。這是我從前屢次說過的了。法國畫十八世紀流行雅科式，於裝飾美術上，很採取中國體式。現今最流行的表現派，尤與中國式相接近，所以我們為參考各國美術起見，自然尤注重於法國美術了。

Depuis l'antiquité l'art chinois est essentiellement décoratif. Ce caractère se trouve non seulement dans l'art purement décoratif, comme les broderies sur soie, les porcelaines décorées, les meubles laqués, les orfèvreries, les gravures et les sculptures sur bambou, sur métaux, sur pierre, sur os, sur corne et sur ivoire, les bibelots en papier et en terre cuite et toutes les variétés des formes, les constructions des ornements et les combinaisons des couleurs, lesquels développés depuis des milliers d'années ont déjà atteint le suprême degré de la perfection ; mais les arts appelés purs contiennent aussi quelques éléments décoratifs. Exemple : dans l'architecture, les palais et les temples gigantesques, les petites pagodes et les tours, tous sont magnifiquement ornés colorés, sculptés et décorés. En sculpture, les plis des vêtements et le contour des statues sont minutieusement observés. En peinture, la combinaison des fleurs, des oiseaux et des insectes, et la composition des tableaux de mœurs et d'histoire renferment toujours quelque caractère décoratif. Même dans le paysage, la perspective, les douze façons de manier le pinceau, la technique de peindre les arbres, les rochers, les ponts, les pagodes et les pavillons, la combinaison des coloris, toutes ces méthodes ont abouti à sacrifier plus ou moins le vrai aspect de la nature pour s'accommoder aux règles traditionnelles. Par là nous pouvons reconnaître l'influence des arts décoratifs sur les arts purs. C'est à cause de cette influence que les arts purs n'ont pu passer la voie du réalisme à outrance, mais le développement des arts décoratifs est vraiment considérable.

Certes, c'est grâce à l'imagination que se réalise le progrès des arts, mais au point de vue de la technique, les arts ont recours à la science. Parlons seulement des arts décoratifs : pour la composition des ornements et des formes, on a recours à la géométrie ; pour la réflexion des couleurs et le jeu de lumières on a recours à l'optique ; pour la variété des positions on a recours à la technologie et la dynamique ; pour donner une impression plus ou moins grande on a recours à la psychologie ; pour avoir des matières inépuisables on a recours aux sciences naturelles et à la sociologie.

Tout cela est bien évident et facile à reconnaître. Malheureusement la Scolastique chinoise dominait chez nous depuis dix siècles environ, et le développement de la science en fut retardé. Ainsi le progrès de nos arts décoratifs en fut naturellement ralenti. Ils n'ont pu évoluer avec la même vitesse que ceux des autres nations, où la science est déjà bien développée. Pourtant nous ne saurions être satisfaits de la supériorité de nos arts et il nous est nécessaire de consulter les arts des autres pays.

L'esprit du peuple français est plutôt sociable, amical et juste, et ressemble beaucoup au nôtre. Son art est plus beau que sublime, plus sympathique que mystique, et sur ce point la rassemble aussi à l'art chinois. Et j'ai déjà parlé à plusieurs reprises sur cette ressemblance. Dans les arts décoratifs, le style rococo a été en vogue au XVIIIᵉ siècle Français.Ce style a emprunté beaucoup au style Chinois; et récemment l'expressionnisme qui est en faveur auprès du public s'apparente aussi à notre style. Par conséquent, si nous voulions étudier les arts des autres nations, nous devrions donner une plus grande importance aux arts français.

Quel bonheur pour nous que la France vienne d'organiser cette année une Exposition des Arts décoratifs ! Non seulement la France y expose toutes les merveilles de son art décoratif moderne mais toutes les nations du monde, excepté l'Allemagne gênée par les questions politiques, y exposent aussi tout ce qu'il y a de beau et d'original dans leurs arts. C'est vraiment une belle occasion pour nous renseigner sur les arts des autres peuples. Et nous devons leur témoigner ici notre profonde reconnaissance. Mais nous ne pourrions rester en arrière, et regarder les œuvres des autres sans montrer les nôtres en titre de civilité... Et puisque la France a eu l'amabilité de nous inviter à prendre part à cette Exposition, nous considérons par conséquent comme un devoir bien agréable d'y exposer quelque chose.

Malheureusement la Chine, depuis la révolution de 1911, n'a pas encore réglé ses affaires politiques et financières. Et l'économie du pays reste dans un piteux état. Les élites de la nation consacrent presque tous leurs efforts dans les questions pratiques et ils n'ont pas assez de temps ni de ressource pour se préparer à prendre part à cette Exposition Internationale. Notre projet était d'y construire un magnifique pavillon chinois pour y exposer les chefs-d'œuvre de nos arts décoratifs. C'est pourquoi nous avons organisé l'année dernière une exposition préparatoire de l'Art Chinois ancien et moderne à Strasbourg. Et en même temps nous avons fondé un organe spécial pour la Mission de l'Exposition de l'Art Chinois en Europe. Un représentant général de la Mission M. Daitche-Ouang fut envoyé en Chine pour faire des démarches auprès de notre Gouvernement en vue de notre participation à l'Exposition Internationale. Mais, après six mois d'entreprise nous n'avons pu réaliser notre projet, ce qui est vraiment regrettable.

Au moment où la Chine se trouve dans l'extrême embarras financier, si nous avons pu organiser une section dans cette exposition, et d'obtenir d'excellents résultats, c'est grâce aux efforts de M. Daitche-Ouang, à l'encouragement des Ministres du Commerce et de l'Instruction Publique, à la collaboration de l'Ecole des Beaux-Arts de Pékin, au patronage de notre Ministre Plénipotentiaire à Paris, M. Tcheng Loh et notre Consul Général M. Tchao-Itao ; c'est grâce aussi à l'excellente administration des organisateurs MM. Ling-Vincent, Liou-Tépéou, Tsen-Y-Lou, Lin-Fon-Ming, et aux concours de M. wang-Chung-Hui, M. Yi-Peiche, M. Li-You-Ying, Mlle Soumi-Tcheng ; M. S. T. Shiao, M. Tsu-Ming-Yu, M. Tan-Hao-Yi, M. Scié-Ton-Fa, M. Tcheng-Wong-Fot et d'autres encore. Il est vrai que notre Section n'a pas été décorée avec la Magnificence voulue mais elle est déjà présentable. Et les objets exposés, quoique peu nombreux suffisent à donner au Public un aperçu de nos arts décoratifs.

Certes, nous n'en sommes pas satisfaits, mais il semble que le Grand Public nous accorde beaucoup de sympathie et d'admiration pour nos objets exposés et nous en recevons chaque jour des commandes. Les succès, qui honorent notre patrie sont dus à nos organisateurs au cœur ardent et patient, et le peuple chinois leur doit être reconnaissant.

L'année passée j'ai eu l'honneur de prendre part à l'Exposition de l'Art Chinois à Strasbourg. Cette fois-ci, je suis d'autant plus sensible encore à l'honneur que me font Messieurs les Membres de la Mission de l'Exposition de l'Art Chinois en Europe, en m'admettant parmi leurs promoteurs. Heureux d'admirer leurs œuvres et leurs efforts et sensible à l'amitié de la France, je me permets d'écrire quelques mots sur ce catalogue pour témoigner à tous ma profonde gratitude.

Le 10 Août de la XIVe année (1925) de
la République Chinoise.

TSAI-YEN-PAI,
Recteur de l'Université de Pékin.

(Traduit par M. Ling-Vincent.)

PREFACE
de
M. TCHENG LOH

Pour les observateurs clairvoyants, la civilisation d'une nation se montre surtout dans ses arts et dans ses sciences. La richesse et la magnificence de nos arts et sciences sont vraiment incomparables et universellement connues. Et les arts décoratifs de nos époques anciennes étaient les meilleures du monde. Sous le règne du Premier empereur Tching, les arts décoratifs fleurirent partout en Chine. La grande Muraille et l'immense Palais Oh-Fang, dont la grandeur, la somptuosité et la delicatesse dépassent toute imagination, étaient des merveilles du monde. Depuis les dynasties Han et Tsyn, les arts des peuples voisins de l'Asie se sont peu à peu développés, mais tous imitaient les œuvres de l'époque Tching. Vers le milieu de la dynastie Mandchou, la Chine commençait à avoir des relations commerciales avec l'Europe. Ainsi l'architecture, la sculpture, la peinture, la littérature et la terminologie chinoises sont plus ou moins influencées par le goût européen. C'est grâce à cette influence que se renouvellent les arts chinois, qui attirent toujours l'attention des autres nations. Au printemps de la XIVe Année (1925) de la République chinoise, la France a pris l'initiative d'organiser à Paris une Exposition Internationale des Arts Décoratifs et Industriels Modernes. Cette Exposition a pour but de réunir toutes les merveilles des arts décoratifs des nations du monde entier et de montrer aux yeux de tous le progrès des civilisations des peuples. La Chine a eu l'honneur d'y prendre part. Cet honneur reient à vous, Messieurs les Membres de la Mission de l'Exposition de l'Art chinois en Europe. Quoique les œuvres d'art exposées dans la Section chinoise ne soient pas complètes, mais les travaux et les installations sont d'un art irréprochable et d'une délicatesse vraiment orientale ! Cela suffit à donner un aperçu de la supériorité de nos arts. Nous espérons avoir encore la même occasion pour manifester le génie de notre peuple et la gloire de notre Patrie !

TCHEN-LOH,
Ministre Plénipotentiaire de Chine à Paris.

INTRODUCTION

La Chine, dont le gouvernement ne participe pas officiellement à l'Exposition Internationale des Arts Décoratifs et Industriels Modernes, est représentée par une Section chinoise, située dans le Grand Palais des Champs-Elysées, cela grâce à l'initiative privée et patriotique de quelques-uns de nos compatriotes artistes et décorateurs. Nous devons leur rendre hommage, ici, pour leur splendide effort. Ce n'est qu'au dernier moment, en effet, en février de cette année, lorsqu'on eut la certitude que le gouvernement chinois ne pouvait pas se faire représenter à cette grande manifestation internationale d'art moderne, que nos amis dévoués se mirent au labeur pour trouver les appuis moraux et matériels nécessaires, afin d'aboutir honorablement comme ils l'ont fait, à la constitution d'une Section chinoise digne de ce nom et représenter notre pays avec un certain prestige méritoire.

Les visiteurs de la Section chinoise seront certainement étonnés de n'y pas retrouver l'Art chinois absolument classique auquel ils sont plus ou moins habitués; mais cet étonnement se transformera rapidement, nous en sommes sûrs, en surprise agréable devant l'évolution rapide et insoupçonnée de nos arts dans la modernisation. Notre vaste pays se transforme incontestablement dans la voie des progrès modernes: à temps nouveaux, conceptions nouvelles; l'art, qui est le reflet, l'extériorisation de l'âme et des conceptions intimes des trésors de la pensée, ne pouvait échaper à cette loi. C'est ce que nos amis, les connaisseurs en art antique de la Chine, constateront également; quelques-uns d'entre eux manifesteront peut-être leur déception, parce que restés en eux-mêmes, ils n'ont pu encore s'habituer à ce nouvel essoir, qui leur paraît comme étrange et presque barbare. Mais ce phénomène d'impression n'est pas exclusivement applicable à l'art de la Chine moderne, il se manifeste amplement aussi pour les arts modernes de l'Occident. L'art ancien gardera toujours sa valeur artistique, et les antiquités chinoises feront toujours notre admiration et les délices de nos yeux, comme le bel art ancien de l'Europe. Mais nous sommes aussi certains dans l'espace et le temps toute sa beauté nouvelle et révélaqu'avec l'éducation et le recul des années, l'Art moderne saura grandir aux yeux même des incrédules, conservatrice, et rester, dans l'avenir, comparable aux plus belles manifestations d'art de l'antiquité.

Nous demandons aux visiteurs de notre Section chinoise, amateurs ou connaisseurs, de se rendre compte de l'effort et de la nouvelle conception d'art qui se révèlent chez nos jeunes artistes, dont toute une pléiade forme une élite d'avenir plein de promesses. Plusieurs tendances peuvent être observées : les uns ont cru pouvoir s'échapper totalement de l'influence ancestrale; les autres, au contraire, restant dans la morale artistique chinoise, tentent de la rénover en la rajeunissant dans sa tradition ou en la modernisant par des concepts nouveaux, tout en conservant le caractère national. Ce résultat n'est que la répercussion psychologique de l'évolution moderne de la Chine. Plusieurs voies s'ouvrent devant nous, une fois la période transitoire franchie, que nous aurons pris telle direction plutôt que telle autre, suivant la loi immuable, notre art moderne aura également pris sa base la plus appropriée.

Nous devons mentionner, en tête de ce catalogue, l'œuvre magnifique accomplie par la Mission de l'Exposition de l'Art Chinois en Europe, dont les entreprises dans cette voie sont déjà connues, remarquées et admirées du grand public; ne serait-ce que citer, entre autres, la belle manifestation d'art chinois organisée par cette Mission à Strasbourg, l'an dernier, où elle remporta un éclatant et mérité succès. C'est à cette Mission que nous devons de voir la Chine si bien représentée aujourd'hui à l'Exposition Internationale des Arts Décoratifs et Industriels Modernes. La plupart des objets d'art, peintures, ornements, etc., exposés dans la Section, sont l'œuvre de ses membres.

Nous devons mentionner ici, tout particulièrement, les noms de M. Tchao-Itao, Commissaire général; MM. Daitch-Ouang et Shiao, à qui revient le grand honneur de cette organisation; de M. Liou, l'architecte et le décorateur de la Section chinoise, qui, dans un temps relativement très court, avec la collaboration de M. Tsen-Y-Lou, artiste décorateur, et de M. Lin-Fon-Ming, président du Jury de la Section, ont conçu et réalisé cette jolie et caractéristique Galerie chinoise.

Le concours important de nos compatriotes commerçants qui participent si activement à notre Exposition, doit être également l'objet de notre reconnaissance.

Nous remercions très chaleureusement de leur haut patronage et du concours précieux et bienveillant qu'ils nous ont apportés : M. le recteur Tsaï-Yuen-Pai, de l'Université de Pékin ; son Ex. M. Tcheng-Loh, ministre de Chine à Paris ; M. le Docteur Wang-Chung-Hui, ancien président du Conseil, juge à la Cour permanente de Justice de La Haye; M. Li-Youying, recteur de l'Université Franco-Chinoise de Pékin; M. Yi-Peitche, ancien ministre ; M. le Docteur Tsu-Ming-Yu, recteur de l'Université de Canton; M. S. T. Shiao, professeur à l'Université Franco-Chinoise de Pékin; Mlle Soumi-Tcheng, doctoresse en droit ; M. le Docteur Scié-Ton-Fa, directeur du bureau de presse chinois; M. Tan-Hoa-Yi, secrétaire au ministère du Commerce; M. Tcheng-Wong-Fo, directeur hononraire de l'Ecole des Beaux-Arts de Pékin, etc...

Nous espérons que cette Exposition fera connaître et apprécier l'effort et la volonté de nos compatriotes pour conserver à notre pays sa grande réputation et celle de ses enfants, travailleurs patients et pacifiques, dont les goûts artistiques ont été, bien souvent, poussés jusqu'au plus haut degré.

S. T. F.

Docteur en Droit.

REMARQUE

La Galerie de Chine se trouve au premier étage du Grand Palais, à gauche de la Salle du Congrès, et près des Galeries de la Manufacture des Gobelins et de la Section Russe.

Elle est composée de huit stands et de deux vestibules.

La porte d'honneur se trouve du côté de la Section Russe et représente une décoration de chimères chinoises évoluées.

UN COUP D'ŒIL
SUR L'ART CHINOIS

par

M. LING-VINCENT

Le public s'étonnerait peut-être de ce que la Chine n'ait pas construit dans l'Exposition des Arts Décoratifs un pavillon digne de sa renommée, soit un palais de porcelaine couronné de dragons héraldiques aux écailles d'or, soit une pagode d'ébène vernie, aux toits superposés, émaillés, multicolores et miroitant au soleil... Et il sera même un peu déçu de trouver dans le Grand Palais la Section Chinoise qui est si petite, si modeste et presque effacée à côté de ses voisines. Mais dans l'état chaotique où se trouve la Chine depuis des années, il lui est vraiment impossible de prendre part à cette Exposition. Pourtant la Chine est un des pays les plus riches en œuvres d'art, et elle est trop polie pour oser se dérober à l'aimable invitation de la France, qui est aussi une des nations les plus polies du monde. C'est pourquoi, en dépit de ses profondes misères et de ses guerres intestines continuelles, elle considère comme un devoir indispensable sa participation à cette Exposition grandiose. Certes, la place qu'elle y occupe est trop humble pour une si grande nation, mais c'est déjà avec tout son possible qu'elle a accompli son devoir. Ce peu qu'elle a pu faire suffirait peut-être à obtenir du public l'indulgence et la bienveillance.

Il est bon de rappeler ici que, si la Chine a pu prendre part à cette Exposition, c'est grâce à la jeunesse chinoise, soucieuse de la dignité nationale, surtout grâce à M. Shiao, doyen à l'Université Franco-Chinoise à Pékin, un des esprits les plus éminents de la jeune Chine, M. Tsen-Y-Lou, artiste remarquable et plein d'avenir, ancien professeur à l'Ecole Normale de Hounan, et enfin M. Daitche-Ouang, peintre paysagiste distingué, représentant général de la Mission de l'Exposition de l'Art Chinois en Europe, lequel, étant retourné en Chine pour persuader le gouvrnement chinois à participer à l'Exposition Internationale et a consacré tous ses efforts avec un désintéressement et un courage digne d'admiration.

Nous croyons nécessaire de prévenir le Public que ce qu'il trouve dans notre Section sont simplement des spécimens incomplets et très restreints de nos arts modernes, car peu de nos artistes contemporains y ont pris part, faute de préparation et de temps. Il est vrai que nos arts anciens, nos meubles, nos bibelots, nos broderies, nos vases, nos pagodes, notre peinture et notre sculpture sont depuis des siècles connus dans le monde entier et très appréciés des connaisseurs ; par contre nos arts modernes restent complètement ignorés dans l'Occident. Et nous sommes très heureux de pouvoir enfin les montrer au Public, grâce à cette Exposition dont le caractière essentiel est l'originalité.

Depuis quelques dizaines d'années on répétait de toutes parts que la Chine était en pleine décadence, et sur le point de rendre le dernier soupir... quelle erreur ! Non, il ne faudrait pas comparer la Chine à l'Egypte, à la Chaldée, à l'Assyrie, à la Perse, à la Grèce, à Rome et à toutes les civilisations anciennes disparues aussitôt après leur apogée. Non, elle ne devait pas suivre la même route que les autres : sa voie est sphérique et son avenir infini. Elle a une force vitale inépuisable et toujours renouvelée. S'il y avait un miracle grec, il existe aussi un miracle chinois : c'est la pérennité miraculeuse de la Chine ! Et il serait juste de lui appliquer également les paroles par lesquelles Gœthe exprimait en juillet 1827 sa confiance dans la pérennité de la France : « Je n'ai pour les Français d'inquiétude d'aucune sorte ; ils sont placés à un degré si élevé dans la perspective de l'histoire du monde que l'esprit ne peut aucunement être étouffé chez eux ! » Bref, la Chine est semblable au Phénix unique dans les légendes antiques.

Pour confirmer l'évolution continuelle de la Chine, il est nécessaire de jeter un coup d'œil sur l'Histoire générale de l'art chinois : Au temps de l'Empereur Houang-Ti (30e siècle avant J.-C.), l'architecture (Palais impérial), l'écriture idéographique, la musique, le tissage de la soie, la boussole, les bateaux, les chars, les armes, tout était déjà créé. Vers l'époque des Chia (25e siècle avant J.-C.), furent nés la poésie lyrique (hymnes religieux, maximes, sentences morales, élégies), la prose (histoire, géographie, mémoire) et l'art de fondre les métaux, les tripodes, les cuves et les encensoirs en bronze sont ornés richement de décorations fantastiques, de figures allégoriques et arabesques. C'est l'origine de nos arts décoratifs. Sous le règne des Chang (20e siècle avant J.-C.), des palais royaux, des châteaux féodaux, des temples, des ancêtres construits en briques vernies, couronnés de toits jaunes, bleus, verts, aux teintes émaillées s'hérissèrent partout dans l'Empire du Milieu.

Durant plus de treize siècles l'art chinois s'était lentement formé, évolué, développé et enrichi. Vers la seconde moitié de la dynastie des Tchéou (10e siècle avant J.-C.), il s'épanouit avec toutes ses forces depuis longtemps concentrées ! Cette prospérité dura cinq cents ans. La poésie, la prose, l'éloquence, la musique, la peinture, la gravure, la science et la philosophie rayonnèrent partout en Chine ? La magnificence était en parfaite harmonie avec la simplicité. Ce fut la première floraison de notre civilisation surtout en Art et en philosophie. L'Empereur Tching-Tcheu-Houang (3e siècle avant J.-C.) par égoïsme absurde y mit un terme en faisant massacrer tous les lettrés, confisquant tous les biens de l'Empire et fit construire des palais immenses dans un terrain de trois cents kilomètres carrés, et avec tous les métaux précieux de ses vassaux fit faire une douzaine de statues d'or gigantesques rangées majestueusement devant son palais principal. L'Empire s'écroula aussitôt après la mort de l'Empereur et avec lui s'en allèrent les arts. C'est notre Néron oriental ! Sous les règnes des Hans (du 3e siècle avant J.-C. jusqu'au 5e après J.-C.) la restauration des lettres et des arts était lente et pénible. Recueillant pieusement les débris de l'ancien Empire, les Hans les cultivèrent avec une patience digne de leurs aïeux. Grâce à eux, l'écriture, la poésie, la prose, la sculpture revinrent au monde et s'élancèrent vers la perfection. L'art des premiers Hans exprime surtout la majesté, la candeur, et la sérénité, car la simplicité de mœurs régna dans l'Empire. Et l'art des derniers Hans révèle la fierté, la noblesse et parfois le sentiment de la révolte. En somme les Hans furent de grands restaurateurs de la civilisation chinoise. Certes ils manquèrent un peu de génie créateur, mais leur originalité est incontestable. Immobilisé momentanément par les guerres des Trois-Royaumes San-Kouo (dernière moitié du 5e siècle), l'art, surtout la poésie, reprit son cours ascentionnel, sous les dynasties des Tsyn et des Wei (6e et 7e siècles) ; changeant de direction, il se précipita dans le monde bouddhiste, pessimiste et luxueux. C'est vers cette époque-là que la Chine, lasse des guerres civiles, a fait avec une ferveur mystique, une tentative étrange de taille dans les grottes de Yunkang ; de Long-Men et partout ailleurs de cent milles statues gigantesques à l'aspect terrible ou charmant.

Le Taoïsme et le bouddhisme régnèrent dans l'Empire et le culte de Confucius fut vraiment délaissé. Malgré tout, c'est la deuxième floraison de l'art chinois, particulièrement de la sculpture.

Vers le milieu de l'Epoque Tang (8e siècle), l'art enfin dégagé de la vaine somptuosité des siècles précédents et réunissant en harmonie les trois éléments vitaux : boudhisme, troïsme et confucianisme, rayonna avec une magnificence digne de l'époque Tchéou ? La peinture se perfectionna avec un élan prodigieux et révéla avec une fierté sereine la gran-

deur de l'Empire. Les favoris des muses peuplèrent la
« Forêt des pinceaux » et les chants des Li-Po et des Tou-Fou
retentirent dans la capitale de la « Paix Eternelle ». C'est la
troisième floraison de l'art chinois et l'âge d'or de la poésie.

Il est vrai que sous le règne de Song (10e au 13e siècle),
la poésie ne gardait plus la gravité et la grandeur des Tang
et déclinait peu à peu vers le dilettantisme. Mais en récompense elle se perfectionnait dans la vivacité et la finesse. Et
la prose gagna en clarté et en couleurs. Au-dessus de tous
les arts, la peinture devint virtuose et savante et atteignit le
point culminant de son développement.

Les hommes de la cour étaient presque tous peintres. Et
les souverains même se plurent à peindre des paysages ou
animaux.

Les aigles de l'empereur Fi-Tchong étaient universellement connus. C'est la quatrième floraison de l'art chinois,
surtout la peinture. Sous les dynasties des Yen et des Ming
(14e et 1er siècle), l'architecture, la sculpture et la peinture
n'avaient guère évolué. Par contre, la porcelaine, la céramique, les meubles et les arts décoratifs ont marqué des progrès très sensibles.

La poésie se renouvela en vers libres, avec des rythmes
indécis ou fuyants, berceurs ou langoureux, inconnus des
anciens. Et l'art dramatique, négligé depuis l'époque Han,
fleurit avec tous ses éclats. C'est la cinquième floraison de
l'art chinois, surtout le théâtre. Certes, sous le règne des
Tsing (17e et 20e siècles), l'art tendit plutôt vers le raffinement et parfois la bizarrerie, mais à certain point de vue,
les Tsing ne semblent pas indignes de leurs ancêtres glorieux. Ils ont rajeuni la langue, donné des chefs-d'œuvres de
romans et renouvelé l'écriture idéographique qui devint infiniment plus décorative et artistique. D'ailleurs, les Tsing
avaient une autre tendance artistique que leurs aïeux. Ils ont
été chargés de vérifier et classifier tous les monuments
anciens, tous les livres classiques entassés et accumulés
depuis cinq mille ans. L'érudition, la philologie et l'archéologie occupèrent presque tous leurs efforts. En ce domaine-là
leurs résultats étaient admirables.

On pourrait peut-être comparer l'époque Tsing au
18e siècle français qui est plutôt philosophique et scientifique que littéraire ou artistique. Actuellement, sous l'influence de l'Occident, la Chine est en pleine transformation
sociale. Les révolutions littéraires et artistiques succèdent à
celles de la politique. Bref, elle passe une période transitoire!

Après cette constatation historique, il est évident que la Chine est capable de se renouveler sans cesse au cours des siècles et de s'inspirer des influences étrangères. Et l'art chinois n'a jamais été en décadence générale ni aussi routinier qu'on l'a dit. En un mot, il était simple et candide sous les Chia et les Chang, somptueux sous les Tchéou, grandiose sous Tching Tcheu-Houang, altier sous les Han, luxueux sous les Tsyn et les Wei, majestueux sous les Tang, savant et naturel sous les Song, subtil et spirituel sous les Yen et les Ming et enfin rajeuni et renouvelé sous les Tsing. L'art chinois se transformait continuellement suivant la tendance morale de chaque dynastie.

Nous voilà sur la question fondamentale de savoir quel est le caractère essentiel de l'art chinois. Or, pour le connaître à fond, il faut d'abord savoir ce que c'est que l'âme chinoise ? Certes, on est un peu embarrassé devant cette question épineuse. Pour la résoudre nous essayerons de comparer la Chine à l'Occident et à l'Inde. Il est à peu près incontestable que l'occidental cherche à dominer la nature, l'Hindou à sortir hors de la nature et le Chinois de s'accorder ou de solidariser avec la nature ? D'où lui vient cette notion d'une harmonie nécessaire, d'une solidarité essentielle entre la nature, le souverain et le peuple ? C'est que le Chinois est foncièrement panthéiste comme les Grecs et les Romains. Il considère comme des êtres vivants et mystérieux tous les éléments de la nature.

Il a son Zeus et sa Junon ; son Apollon et sa Sélénée. Ses dieux correspondent étrangement aux dieux gréco-romains et comme les Grecs, ils ne renoncent pas à la vie. Il sait que la nature ne lui est pas toujours favorable ; mais au lieu de lutter contre elle, il cherche à se réconcilier avec elle en se corrigeant ses propres défauts moraux. Par exemple : si les moissons souffrent de la sécheresse, c'est que l'Empereur s'est trop complu dans le gynécée : qu'il licencie cent musiciennes et se nourrisse de fèves, alors la pluie reviendra. Sans doute c'est presque de la superstition, mais il faut reconnaître le sens moral de ses formules. Le Chinois possède la plus haute notion de la morale et le souci constant de la perfection de soi-même. Et son originalité consiste à accepter stoïquement les alternances de la vie, ce qui semble inacceptable pour l'occidental et l'Hindou. En cherchant les lois de la nature il a découvert le rythme secret de la vie. Les fleuves gonflent au printemps et décroissent à l'automne les saisons permutent et s'opposent ; ainsi les oiseaux migrateurs tirent vers le Nord ou le Midi, le Mongol ravage la campagne chinoise pendant que la dynastie s'effémine et reflue, harcelé par la cavalerie d'Empire quand un fondateur est campé sur le trône, ainsi la clémence et la rigueur alternent dans le cœur du souverain, l'amour et la lassitude dans celui de l'homme ; ainsi va le sang dans nos artères et nous respirons comme la mer. Grâce à sa connaissance des lois de la nature, il sait goûter la joie de la vie, et en même temps supporter ses misères. C'est pourquoi il ne cherche pas à dominer la nature ni à conquérir ses frères avec la force.

Il a accepté tour à tour toutes les religions étrangères, adoré Boudha et Mahomet, sans se livrer au fanatisme religieux. Et la Chine, au cours de son immense carrière, a été envahie, piétinée et les dynasties étrangères dans ses annales sont presque aussi nombreuses que les dynasties chinoises. Mais loin d'être écrasée comme Rome par les envahisseurs, la Chine, quoique vaincue, les conquit pacifiquement aussitôt après qu'ils s'étaient installés dans l'Empire, car la fortune des armes est éphémère, et seule la conquête pacifique saurait durer. Par là, nous pourrons conclure que l'esprit chinois consiste dans la modération, la sagesse, la paix et la sérénité.

Cet esprit se révèle partout dans les branches de l'art chinois. En poésie, nul n'a entonné un hymne martial depuis cinq mille ans. Nul n'a glorifié les exploits militaires des souverains. Tous les historiens de l'Empire critique sévèrement l'abus des armes.

En architecture, qu'y a-t-il de plus gracieux que nos pagodes et nos temples qui sont presque l'expression symbolique de la joie ? En sculpture. Regardons nos lions de bronze ou de marbre campés devant nos palais. Ils sont terribles et charmants. Ils ont la gueule béate, mais leurs yeux semblent sourire amicalement. A les regarder on a presque l'envie de les caresser comme si c'étaient des bêtes vivantes monstrueuses et très douces. Les sphinx de l'Egypte symbolisent le mystère, mais nos lions sont des sourires. Si le bouddhisme est né dans les Indes, les plus belles statuts de Bouddha ne se trouvent qu'en Chine. Quelle douceur et quelle bonté rayonne dans la physionomie de Bouddha. La sculpture chinoise a poussé l'expression de la sérénité dans son extrême limite. En somme le modèle sculptural, rectangulaire chez les Egyptiens, onduleux chez les Grecs, mouvant chez les Indiens est sphérique chez nous.

La peinture chinoise admirée de l'univers n'est guère comprise dans l'Occident. Pour la comprendre à fond, il faut connaître parfaitement notre écriture idéographique, car la peinture chinoise provient directement de l'écriture qui, en effet, occupe une place éminente dans le domaine artistique. Primitivement, l'écriture chinoise fut une véritable image. A mesure que la langue évoluait, elle devint une sorte de graphisme conventionnel, moins pictural, mais plus décorative, raffinée et subtile. Les lettrés y attachent une grande importance. Ils considèrent leur écriture comme leur physionomie morale. Et quiconque n'a pas une belle écriture ne saurait être reçu dans les examens. Pour savoir si un tel est artiste ou non, on aurait qu'à regarder son écriture : son esprit, son tempérament et son caractère s'y étalent franchement. Les points, les crochets, les angles, les traits horizontaux, droits et obliques, révèlent la grâce ou la gaucherie, l'aisance ou la gêne, la fermeté ou la défaillance, la vivacité ou la lourdeur, la candeur ou la malice ! Ainsi considéré comme un art plastique, l'écriture est indispensable de la peinture. C'est pourquoi on s'en sert pour orner les coins des tableaux comme une sorte d'épigraphe et décoration indispensables. En Chine, le peintre et le poète ne font qu'un. Si les poètes ne sont pas tous peintres, les peintres sont presque toujours poètes. Ils peignaient et écrivaient avec le même pinceau et commentaient l'un par l'autre le poème et l'image interminablement, car la peinture est née du même courant sentimental que la poésie. Nous croyons bon de transcrire ici les jugements de M. Elie Faure sur la peinture chinoise, lesquels nous semblent très pénétrants et justes.

Hors des poissons, des oiseaux, des fleurs, des choses qu'il faut tenir dans les doigts pour les décrire; hors des portraits directs purs et nets, dont la pénétration candide étonne; hors des paravents brodés et des peintures décoratives qui tremblent de battements d'ailes, la grande peinture chinoise nous envahit à la façon des ondes musicales. Elle éveille des sensations intimes et vagues, d'une profondeur sans limites, mais impossible a situer, qui passent les unes dans les autres et s'enflent de proche en proche pour nous conquérir entièrement sans nous permettre d'en saisir l'origine et la fin. Les formes chinoises n'ont pas l'air d'être encore du limon primitif. Ou bien encore, on les dirait apparues à travers une couche d'eau si limpide, si calme qu'elle ne troublerait pas leurs tons, depuis mille ans saisis et immobilisés sous elle ! Pollen des fleurs, nuances indécises de la gorge des oiseaux, couleurs subtiles qui montent, avec leur maturité même de la profondeur des fruits, les soies peintes de la

Chine n'ont rien à voir avec l'objet. Ce sont des états d'âme en présence du monde, et l'objet n'est qu'un signe, d'ailleurs profondément aimé qui suggère cet état d'âme suivant la façon dont il se comporte et se combine avec les autres objets. La transposition est complète et constante. Et elle leur permet de peindre ou plutôt d'évoquer des choses jamais vues..., des fonds sous-marins, par exemple, avec une poésie si profonde, qu'elle crée une réalité. Ainsi sur une toile de la grandeur d'une serviette, où, dans le brouillard du matin, un héron lisse ses plumes, l'espace immense est suggéré.

L'espace est le complice perpétuel de l'artiste chinois. Il se condense autour de ses peintures avec tant de lenteur subtile qu'elles semblent émaner de lui. »

En général, la peinture chinoise est discrète et intime, grave et sereine, profond et symbolique. Il serait inexact de dire qu'elle est impersonnelle, car la personnalité de l'artiste est trop subtile et discrète pour être reconnue au premier coup d'œil. Ainsi un Occidental ayant très peu fréquenté les asiatiques semble croire qu'ils ont tous la même physionomie. L'art chinois, surtout la peinture et la poésie, est profondément idéaliste et personnel, sans être théâtral. Basé sur l'observation précise, et guidé par l'intuition, il visait parfois au symbole pour mieux exprimer le sentiment et la pensée ; chez nous, la littérature, l'architecture, la sculpture, la peinture, la musique et surtout la poésie sont plus ou moins imprégnés de symbolisme. Et l'art poétique de Verlaine semble très applicable aux vers libres des dynasties Song Yen et Ming, lesquels aussi se rapprochent « de la musique avant toute chose ». Le symbolisme est aussi un des principes de l'art chinois. Pour démontrer minutieusement cette vérité évidente, il nous faudrait tout un volume, et nous nous bornons à l'indiquer brièvement au public clairvoyant.

Après avoir parlé assez longtemps des Arts anciens, nous allons aborder maintenant les modernes. On ignore tellement la Chine moderne qu'on est tenté de demander s'il existe des arts chinois modernes. Pour nous, il en existe réellement. Regarder dans notre Section nos paravents, nos broderies, nos meubles, nos vases, nos peintures et tous nos arts décoratifs et industriels. Sont-ils vraiment originaux et modernes ? Voilà la question principale. Pour mieux répondre à cette question, nous nous permettrons de parler seulement de la peinture en laissant au public toute la liberté de juger sur nos arts purement décoratifs qui sont en effet plus faciles à être compris et appréciés. En général l'Occident se montre assez sévère et presque dédaigneux pour l'art chinois moderne. Il l'accuse de copie et de pastiche. Certes, il a raison et il se trompe aussi. Car de tout temps et en tout lieu, il ne manque pas d'imitateur, mais il existe aussi des génies créateurs. Soyons prudents et clairvoyants pour ne pas les confondre tous. Rappelons-nous que depuis vingt-cinq ans la Chine est en pleine révolution sociale, intellectuelle et artistique, grâce à l'influence vivifiante de l'Occident. La Chine, lasse de sa sérénité séculaire cherche à s'animer au souffle de l'Atlantique et de la Méditerranée. Certes il est très difficile de préciser nettement les tendances actuelles de nos artistes, faute de perspective et de recul nécessaires. Nou essayerons pourtant de parler simplement de quelques-uns de nos artistes qui ont pris part à notre exposition et qui nous semblent les plus représentatifs.

Descendant d'une famille illustre, M. Liou Tépéou est un de nos peintres les plus remarquables. Amoureux fervent de la beauté de la nature, surtout de la plastique, il sait avec une virtuosité prodigieuse et une souplesse ingénieuse fixer sur ses toiles des formes infiniment gracieuses. Son chef-d'œuvre, « Danseuses du Palais Impérial » est un grand tableau exécuté avec une élégance séduisante et une fermeté admirable. Ses danseuses en robes de soie ample, diaphane et flottante, dansaient avec allégresse le menuet chinois au son mélodieux de la flûte de jade ; et tranquillement les paons altiers les regardaient tourbillonner... C'est une évocation magnifique du passé.

L'artiste a gardé intactes la sérénité de son esprit et la joie de vivre. En présence de ces souvenirs grandioses, évoqués, on éprouvera un sentiment d'admiration, mêlé d'un peu de nostalgie très douce. M. Liou est un de ces esprits, rares aujourd'hui, invulnérable au contact de la vie réelle et vulgaire, et semblable à des nénuphars blancs qui restent immaculés sur l'étang. C'est pourquoi ses peintures ont la blancheur du lotus, et ses vases, finement décorés, sont de véritables petits chefs-d'œuvre. Quelle différence avec lui et les anciens! Par sa méthode d'exécution, sa plastique, son coloris et son style, il est essentiellement moderne. M. Liou est incontestablement un grand décorateur, un coloriste admirable, au talent vigoureux et souple, un artiste original et plein de promesse. Nous attendons de lui le futur Raphaël de l'Orient. D'ailleurs, il excelle aussi à peindre à l'européenne; ses peintures à l'huile ont obtenu un succès retententissant lors de l'Exposition de l'art chinois ancien et moderne, qui a eu lieu en juin dernier à Strasbourg.

Si la Chine possède encore des talents puissants et des génies étranges, M. Lin-Fon-Ming en doit être un. C'est un artiste prodigieusement doué. Il a une facilité étonnante de traiter la peinture européenne aussi bien que la peinture chinoise. Chez lui, l'influence de l'Occident est évidente, sensible et même très profonde. Sa personnalité, loin d'être entamée, s'affirme avec une maîtrise admirable et une discrétion orientale. Ses tableaux : « Extase langoureuse », « Le crépuscule de Polymnie », « Vouloir Vivre », « Eden Irrévocable », « A la recherche du temps perdu », « Symphonie orientale », « Le printemps adorable a perdu son odeur », « Oiseaux déplorant leur triste destinée », « Méditation des Grands Ducs », « Les Césars de tout temps », « Glycine tentatrice », etc..., sont presque tous des chefs-d'œuvre. En regardant ces têtes, les esprits un peu attentifs seraient un peu surpris de ce que M. Lin est non seulement familier avec la peinture européenne ancienne et moderne, mais aussi très versé dans la mythologie gréco-romaine et dans la poésie française. D'ailleurs, tous les titres de ses peintures sont très significatifs et pleins de sous-entendus spirituels.

« Extase langoureuse » représente un vieux singe qui, s'accrochant à un rotin noueux, se balance dans l'air en contemplant la lune. Le singe suggère en nous les souvenirs de nos ancêtres lointains qui ont vécu paisiblement dans les forêts vierges et sur les arbres touffus. Ainsi l'infini du passé est évoqué ! Quelle subtilité et quel lyrisme ! « Le crépuscule de Polymnie » est un peu énigmatique. On n'y voit point la Muse. Au contraire, deux vieux poètes en retraite se promènent à cheval au bord de l'eau et la bise de l'automne fouette leurs tuniques flottantes. Ici l'artiste semble déplorer avec une tristesse indécible, l'exil des poètes et le silence des Muses. Le tableau est exécuté avec une délicatesse infinie. « Vouloir Vivre », est une peinture monumentale, un chef-d'œuvre incontestable qui excite en nous beaucoup d'admiration et un peu de terreur... On y voit des tigres royaux, majestueusement campés au bord rocheux d'une source limpide, la gueule béate et les yeux pétillant de feux sinistres et de férocité. Un souffle puissant et pessimiste anime ces bêtes inconsciemment cruelles !

Vouloir vivre à tout prix, même aux dépens de la vie des autres, quelle tristesse et quel désespoir !

L'artiste semble profondément influencé par le pessi-

misme de Schopenhauer. Vouloir vivre est l'éternel symbole
de l'Homme et de tous les êtres vivants, grands ou petits,
forts ou chétifs! « Eden irrévocable », est une œuvre de
toute imagination C'est un paradis terrestre, rêvé par les
artistes chinois et souvent chanté dans leurs vers impecca-
bles. L'artiste, en l'évoquant, lui a donné plus de réalité et
plus de mystère à la fois. Des pêchers en fleurs couvrent le
vallon solitaire et brumeux, des cascades tombent de toutes
parts et semblent former un concert naturel ou exécuter une
symphonie divine. L'Eden perdu par Adam et Eve réappa-
raît vaguement au loin derrière les fleurs de pêchers et les
brumes du printemps. En regardant ce tableau, on éprouve
un désir irrésistible d'aller là-bas vivre ensemble.

« Le printemps adorable a perdu son odeur », est tiré d'un
vers de Baudelaire. C'est un symbole de la joie éphémère.
Le poirier en fleurs se voile d'une brume légère, des hirondelles y voltigent mélancoliquement, et semblent noyées dans
le rêve. En décrivant les beaux aspects printaniers, l'artiste
a songé sans doute, que les fleurs de poiriers seront vite
fanées et que, bientôt, les hirondelles s'envoleront ailleurs
Avec ce mélange de joie et de tristesse, l'œuvre nous inspire
un sentiment profondément tendre et presque douloureux.

« Les César de tout temps », le titre lui-même est déjà très
significatif. Avec quelques coups de pinceaux énergiques,
l'artiste a fixé sur la toile les silhouetttes des aigles dans
leurs aires. Ici, l'espace et le vide deviennent complices de
l'artiste pour mieux représenter la hauteur vertigineuse où
se perchent les aigles. Et la pensée s'étale clairement dans le
contenu de l'œuvre. Le titre « Oiseaux déplorant leur triste
destinée », c'est un tableau évidemment inspiré d'une fable
de La Fontaine (l'Oiseau blessé). Des oies sauvages qui
gémissent au clair de lune parmi les roseaux. Ainsi le silence
de la nuit, les plaintes des créatures et le sort fatal sont
finement suggérés. Au point de vue de composition, de style,
de coloris et de sentiment, c'est un chef-d'œuvre incompa-
rable. Nous nous bornons à dire que M. Lin est un grand
artiste de la Chine, un talent supérieur et fécond. C'est une
âme très sensible et inquiète. La sérénité de l'Orient ne le
contente plus et l'agitation de l'Occident l'effraie. Par son
inquiétude indécise et son désir de vie intense, M. Lin s'éloi-
gne de nos ancêtres. Pourtant, il est de la lignée des Wang-
Wei et des Tchao Men Fou. Nous croyons qu'il est l'heure
de saluer en lui un maître de l'Art chinois.

Si l'Occident semble fatigué de la course frénétique vers

la conquête du monde matériel, l'Extrême-Orient est bien
las de son immobilité millénaire. L'Europe a besoin de repos
et la Chine a besoin d'activité. L'une est épuisée et l'autre
anémique. Inutile de dire si le contact de ces deux civilisations est désirable ou non. Nous ne nous plaindrons pas
d'être troublés un peu brutalement pas nos jeunes frères (à
côté de nous, les Occidentaux sont des adolescents) de l'Occident. Nous leur rendrons grâce de nous avoir réveillés de nos
rêves.

Mais, en nous arrachant à la contemplation, l'Occidental
semble avoir compris enfin que la sérénité est nécessaire pour
l'esprit aussi bien que le mouvement pour le corps. C'est
pourquoi depuis la fin du siècle dernier, le nombre des esprits
nouveaux et inquiets se multipliait avec une rapidité prodigieuse. Car l'Europe ne se suffit plus à elle-même, et la Chine
non plus. Dans les deux continents, c'est le même désir irrésistible de chercher l'inconnu, d'étendre le domaine intellectuel, d'élargir l'horizon de l'art et de s'échanger la façon de
sentir et de penser. Il est vrai que, jusqu'à présent, la Chine
a reçu de l'Europe plus qu'elle ne lui a donné. Cela ne veut
pas dire qu'elle n'aura guère à offrir. Cela prouve que la
Chine reçoit avec facilité et bonne grâce toutes les influences
étrangères. Si, dans le domaine intellectuel, l'influence de la
Chine est peu sensible en Europe, c'est peut-être à cause de
l'extrême difficulté avec laquelle l'Européen étudie notre langue. Par contre, l'influence de l'art chinois en Occident est
très considérable. La porcelaine et la céramique, les bibelots,
les meubles et tous les arts décoratifs de Chine étaient toujours appréciés et même imités en Europe. L'impresssionisme
européen s'est inspiré des estampes japonaises, mais le japo-
nisme n'est autre que l'influence indirecte de la peinture chinoise en Europe, puisque le Japon est, en effet, le premier
disciple de la Chine.

Ainsi, l'échange matériel rend notre vie plus facile et
agréable, et l'échange spirituel renouvelle notre sensibilité
et notre pensée. Désormais, les deux civilisations sont appe-
lées constamment à se serrer la main. Et leur pérénité ne sera
assurée qu'à cette condition. L'Exposition internationale des
Arts Décoratifs favorise particulièrement les rapports artis-
tiquese entre tous les peuples. C'est un devoir pour la Chine,
et un agréable devoir, de témoigner ici sa profonde gratitude
à la France, qui l'a gracieusement invitée à prendre part à
cette Exposition internationale des Arts Décoratifs et Industriels Modernes.

LING-VINCENT,

Président de l'Association
des Artistes Chinois en France.

EXPOSANTS

Stands :

N° 1. — FOOK WENG & C°, Dentelles.
N° 2. — LI (SHING-WA & C°), Dentelles.
N° 3. — SOO, Chinese Minerals & Ores.
N° 4. — HOO-SING-HOUR, Cristaux de roche, meubles et
laque.
N° 5. — Société Chinoise des Arts Décoratifs.
N° 6. — H. C. CHEN, Broderie sur soie.
N° 7. — LOU (Millen & C°), Broderies et dentelles.
N° 8. — OU (Chung-Fat-Lung), Articles en bambou.
Les lanternes exécutées par M. TCHONG,
23, rue Richard-Lenoir.
Les tableaux de M. LIN FON-MING

Société Chinoise des Arts Décoratifs.
Décoration sur verre, 37, rue de l'Amiral-Mouchez, Paris
(13e arr.).
Hoo-Sing-Hour.
Exportation de Chine, 62, rue Lafayette, Paris.
Hou-Chang.
1900, Bubbling Well Road Shanghaï (Chine).
Fook-Weng & C .
Dentelles chinoises, 8, Wood-Street, Londres E. C.
Soo frères.
Exportatioins d'objets d'Art de Chine, 4, rue Emile-Gil-
bert, Paris (12e).
Li (Shing Wa & C°).
Exportations d'objets d'Art de Chine, 4, Landale-Street,
Hong-Kong.
Ou (Chung-Fat-Lung).
Meubles de bambou, 10, rue des Carmes, Paris.
LOU (Millen & C°).
Exportations de Chine, 15, Sindois-Garden, Londres.
Tchong.
Meubles laqués et lanternes, 23, rue Richard-Lenoir,
Paris.

TABLE DES MATIERES

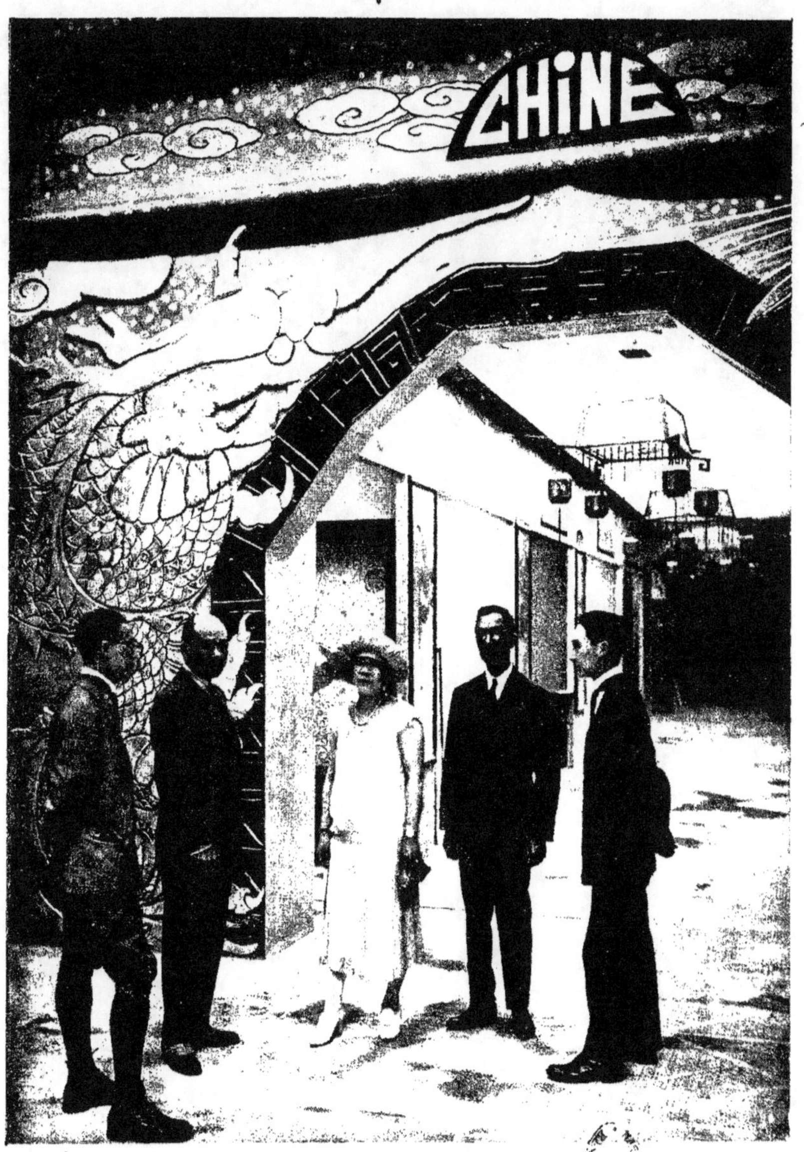

Achèvement de la Section Chinoise

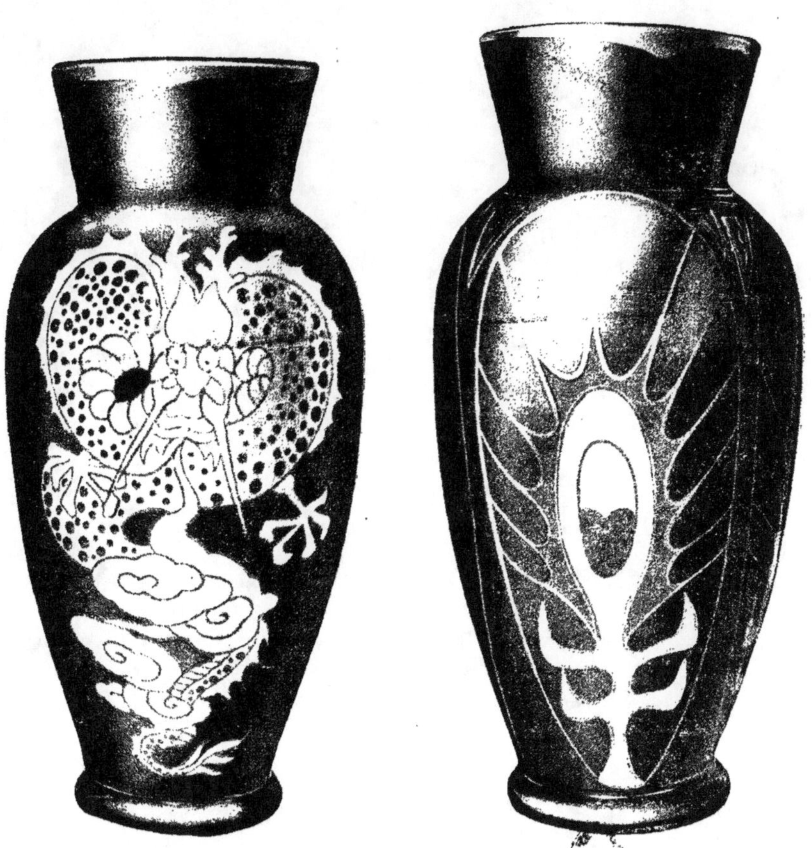

Vase décoratif.
Par la Société Chinoise des Arts Décoratifs

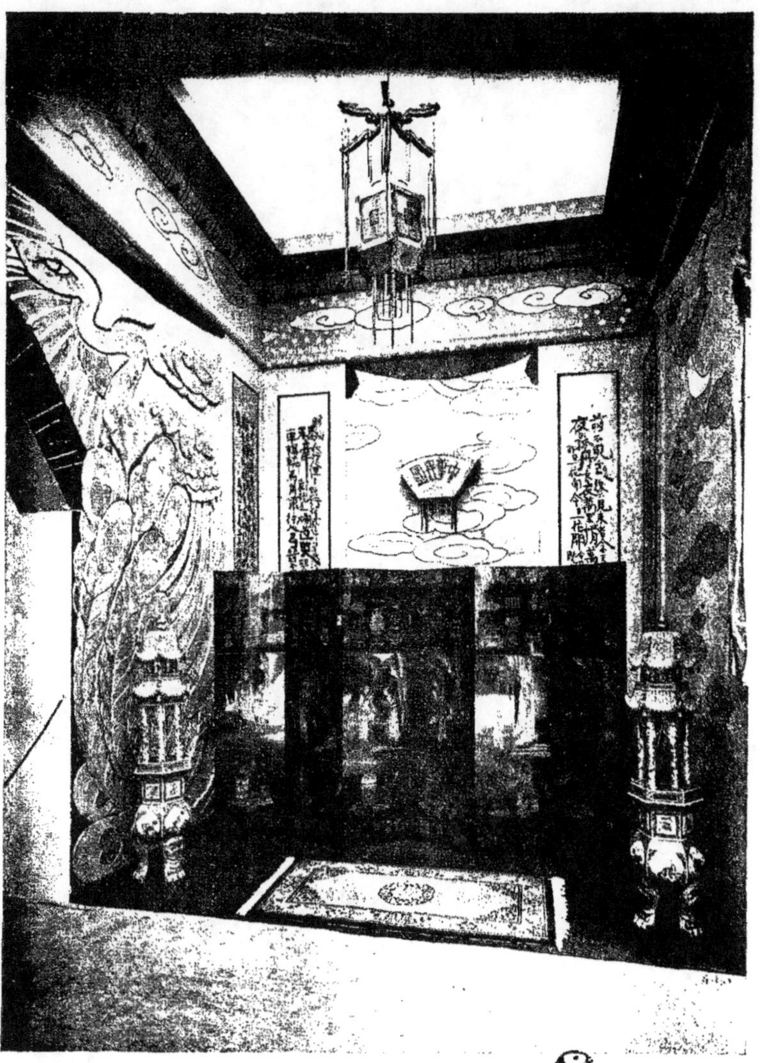

Antichambre de la Section Chinoise

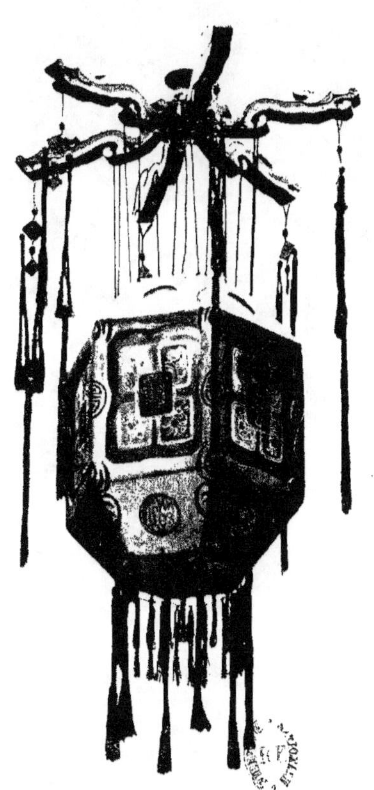

Lanterne de M. Tchong

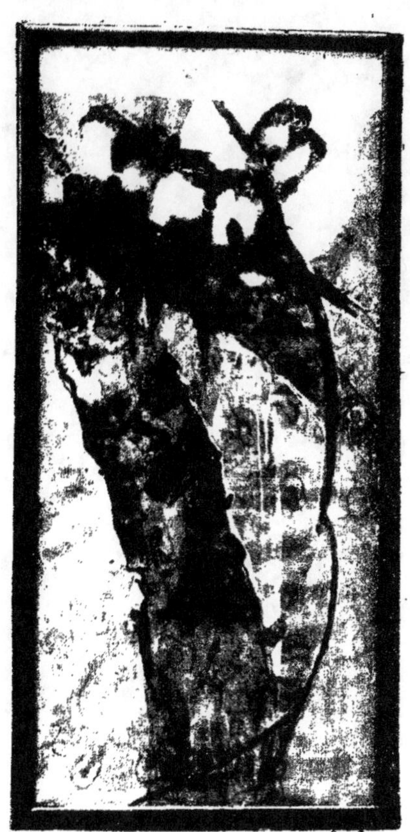

M. *Ling-Fon-Ming*

(Méditation des Grands Ducs)

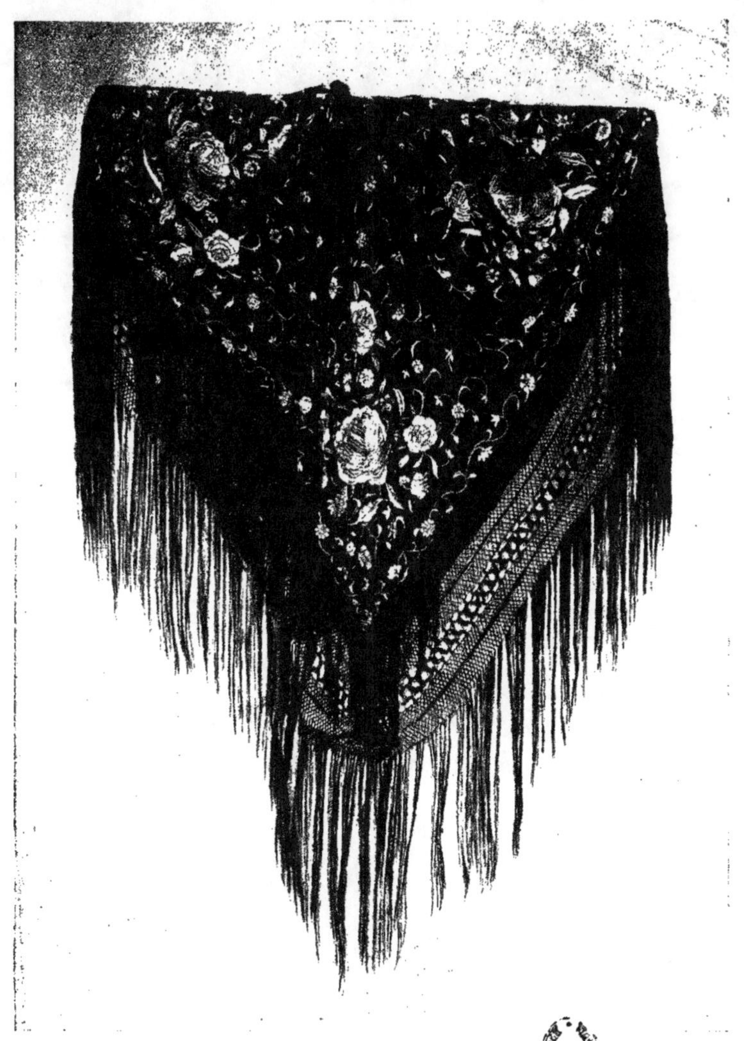

Châle de Chine

Maison Millen and C°

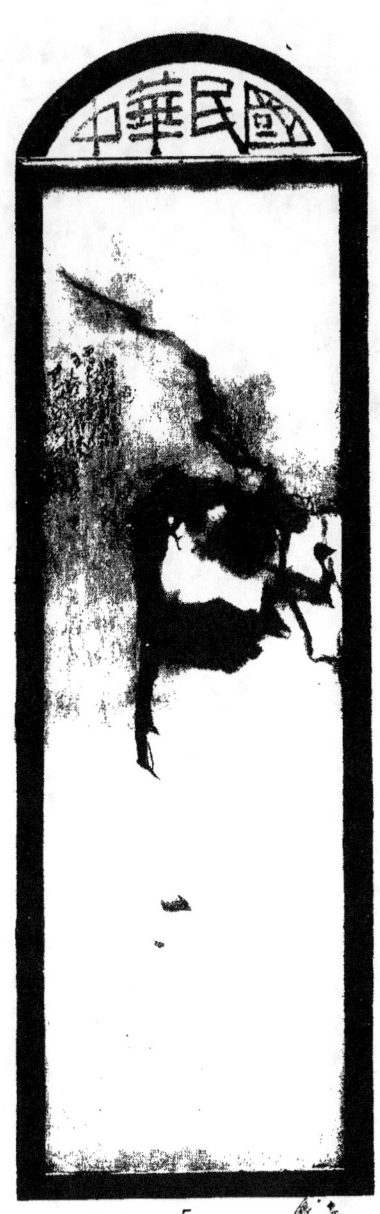

M. *Ling-Fon-Ming*

« Symphonie Orientale »

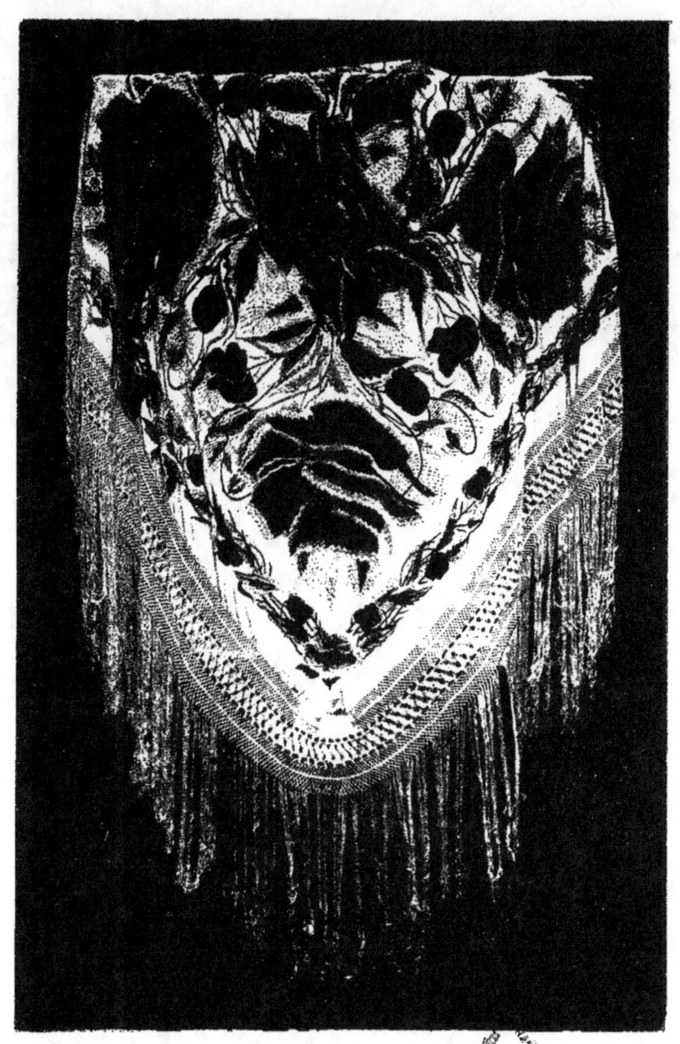

Châle de Chine

Maison H. C. Chen

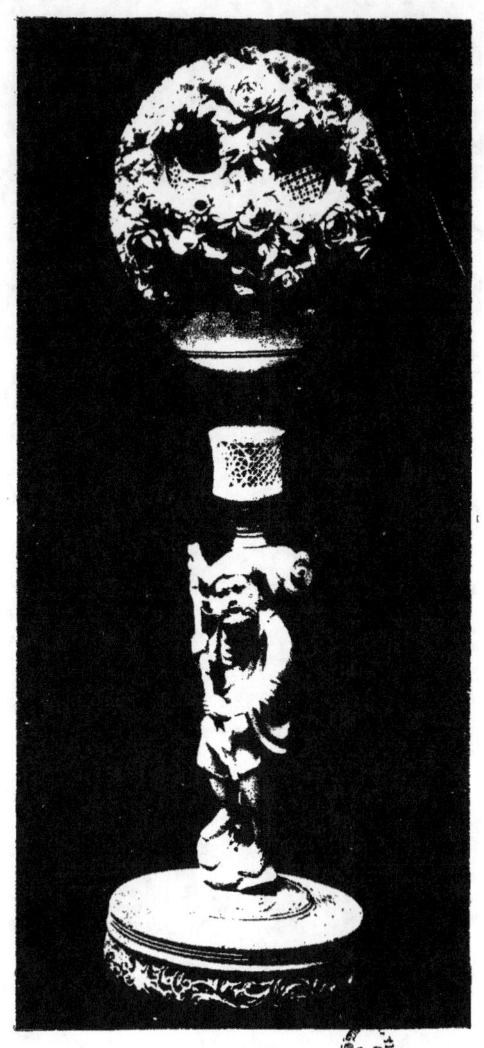

Ivoire

Maison Soo frères

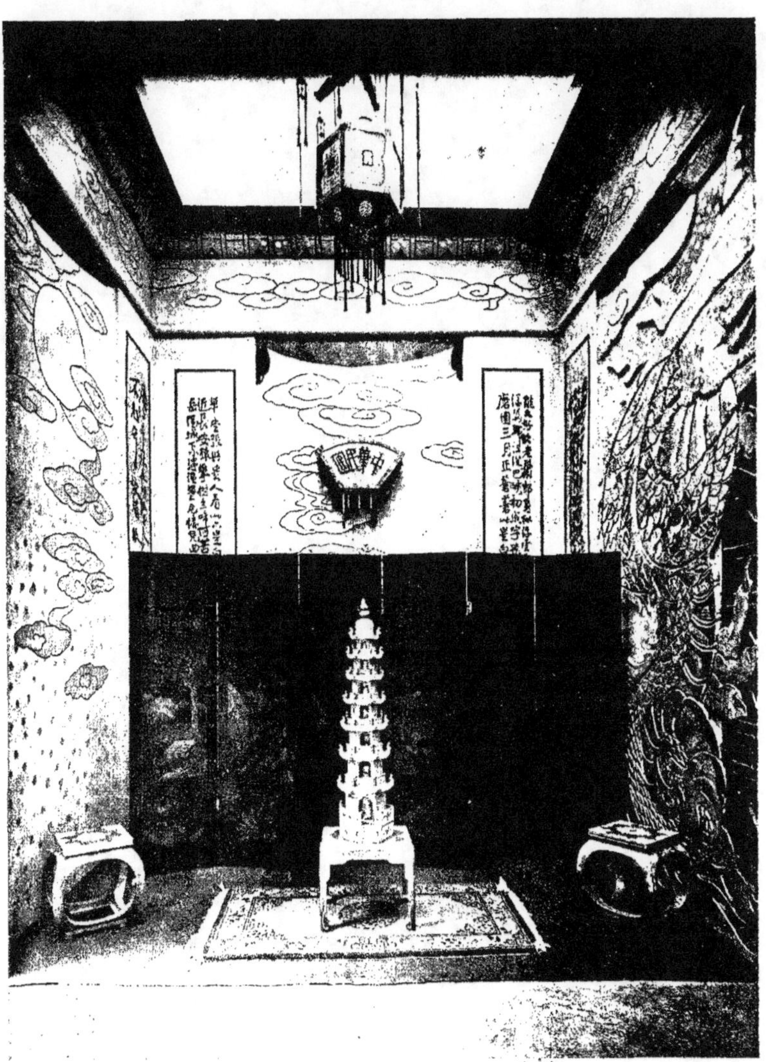

Pagode Porcelaine

Maison Chung-Fat-Lung

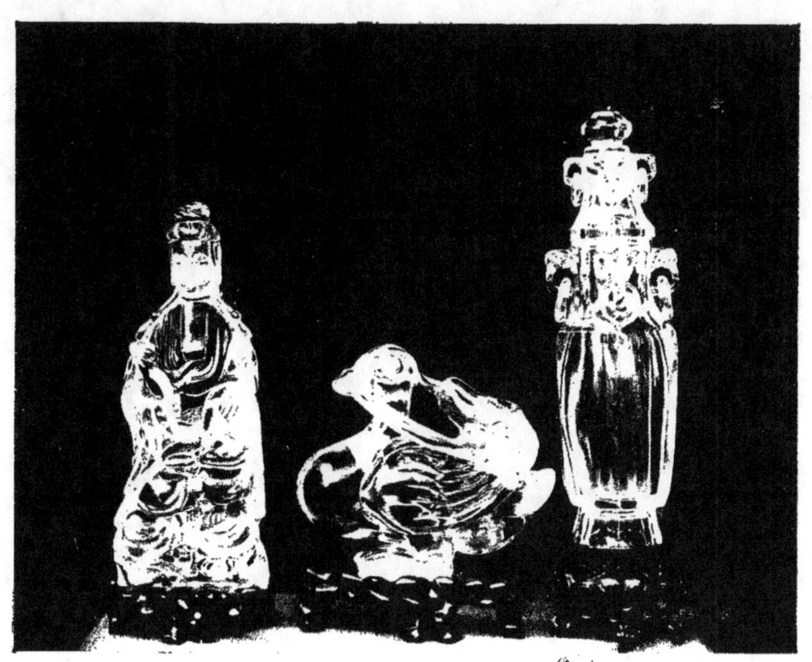

Cristaux de roche

L'exposant : Hoo Sing-Hour

Artiste : Hoo-Tchung.

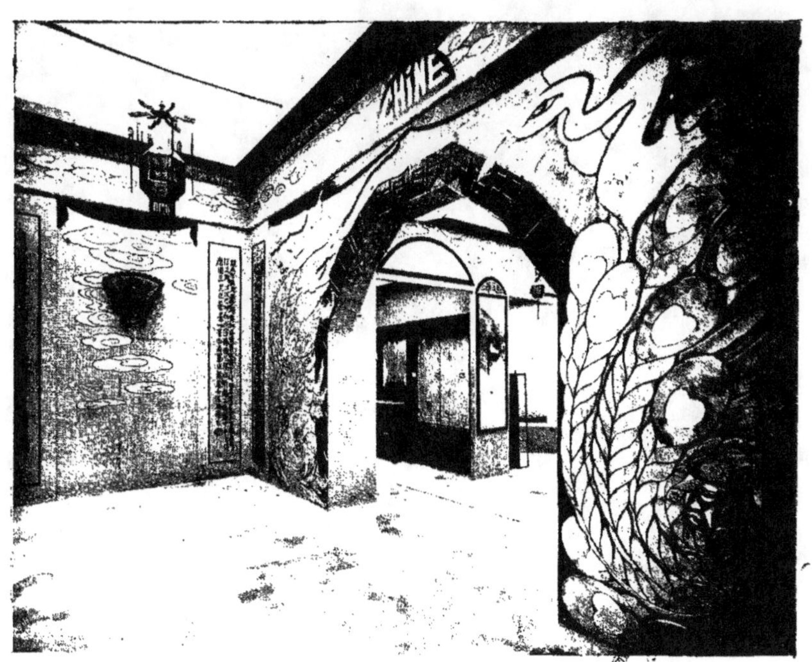

Porte d'Honneur de la Section Chinoise

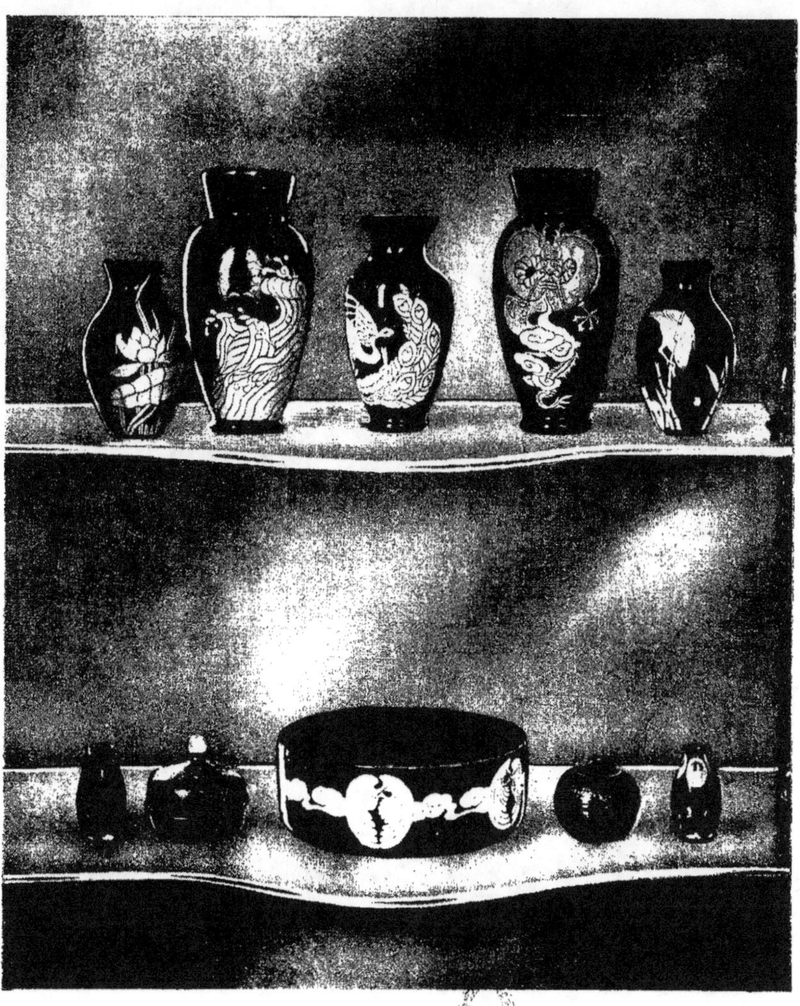

Verrerie

par la Société Chinoise des Arts Décoratifs

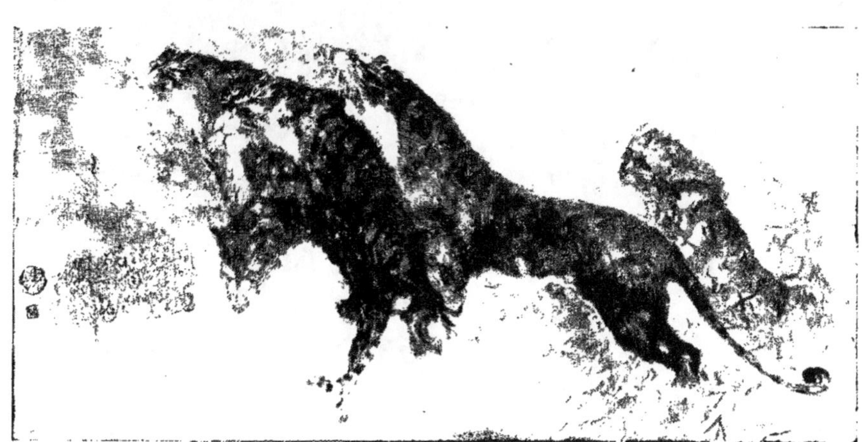

Panneaux des Tigres « Vouloir Vivre », par M. Lin-Fon-Ming

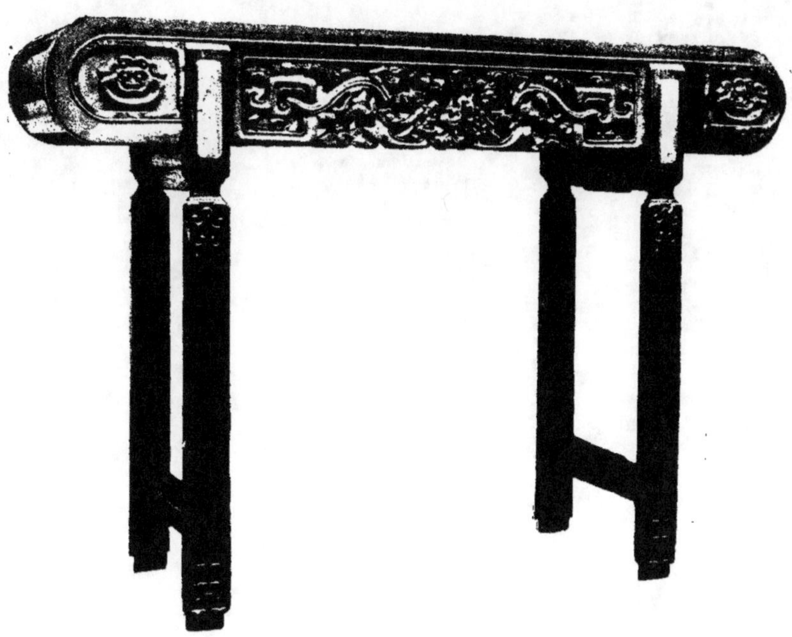

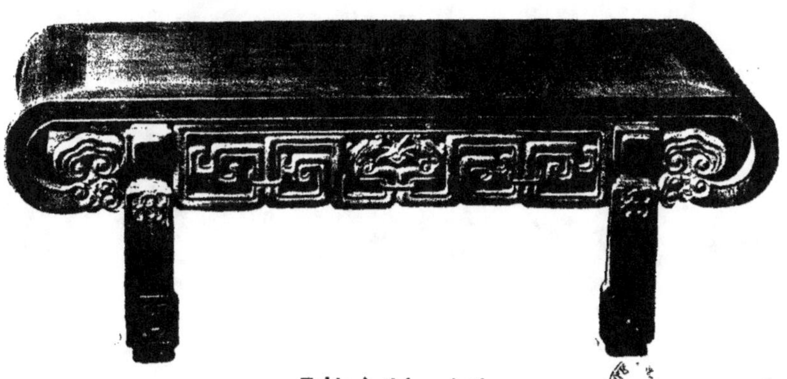

Table à thé sculptée

Exposant : Hoo-Sing-Hour

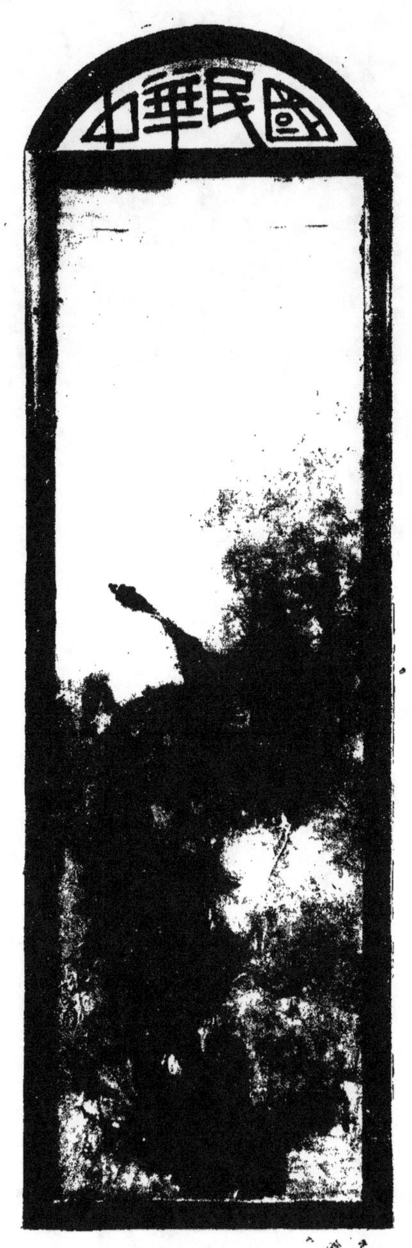

M. Ling-Fon-Ming

« Oiseaux déplorant leur triste destinée »

IMPRIMERIE " LABOR "
8, BOULEVARD DE VAUGIRARD
PARIS (XV')

www.ingramcontent.com/pod-product-compliance
Lightning Source LLC
LaVergne TN
LVHW022311170726
843503LV00006B/2433